MY FIRST GREEK BOOK

GREEK-ENGLISH BOOK
FOR BILINGUAL CHILDREN

 www.lingvito.com

Το Ελληνικό

Α
το **αστέρι**
[astéri] • star

Β
η **βάρκα**
[várka] • boat

Γ
η **γάτα**
[gáta] • cat

Η
ο **ήλιος**
[ílios] • sun

Θ
το **θερμόμετρο**
[thermómetro] • thermometer

Ι
ο **ιπποπόταμος**
[ippopótamos] • hippo

Ν
το **νερό**
[neró] • water

Ξ
το **ξύλο**
[xýlo] • wood

Ο
η **ομπρέλα**
[ompréla] • umbrella

Τ
η **τίγρης**
[tígris] • tiger

Υ
ο **υπολογιστής**
[ypologistís] • computer

Φ
το **φίδι**
[fídi] • snake

αλφάβητο

Δ

το **δέντρο**
[déntro] • tree

Ε

ο **ελέφαντας**
[eléfantas] • elephant

Ζ

η **ζέβρα**
[zévra] • zebra

Κ

η **κουκουβάγια**
[koukouvágia] • owl

Λ

το **λουλούδι**
[louloúdi] • flower

Μ

η **μέλισσα**
[mélissa] • bee

Π

η **πάπια**
[pápia] • duck

Ρ

ο **ρινόκερος**
[rinókeros] • rhinoceros

Σ

το **σαλιγκάρι**
[salinkári] • snail

Χ

η **χελώνα**
[chelóna] • turtle

Ψ

το **ψάρι**
[psári] • fish

Ω

η **ώρα**
[óra] • time

Τα άγρια Ζώα

[agria zóa]
Wild animals

η **καμηλοπάρδαλη**
[kamilopárdali] • giraffe

ο **ελέφαντας**
[eléfantas] • elephant

η **ζέβρα**
[zévra] • zebra

ο **σκίουρος**
[skíouros] • squirrel

το **ελάφι**
[eláfi] • deer

η **αρκούδα**
[arkoúda] • bear

το **λιοντάρι**
[liontári] • lion

η **αλεπού**
[alepoú] • fox

Τα οικόσιτα Ζώα
[oikósita zóa] Domestic animals

η **γάτα**
[gáta] • *cat*

ο **κόκορας**
[kókoras] • *rooster*

το **κουνέλι**
[kounéli] • *rabbit*

το **άλογο**
[álogo] • *horse*

το **ποντίκι**
[pontíki] • *mouse*

η **αγελάδα**
[ageláda] • *cow*

η **κατσίκα**
[katsíka] • *goat*

η **πάπια**
[pápia] • *duck*

ο **σκύλος**
[skýlos] • *dog*

η **χήνα**
[hína] • *goose*

η **γαλοπούλα**
[galopoúla] • *turkey*

το **πρόβατο**
[próvato] • *sheep*

το **γουρούνι**
[gouroúni] • *pig*

Τα σχήματα | [schímata]

ο κύκλος

[kýklos] • circle

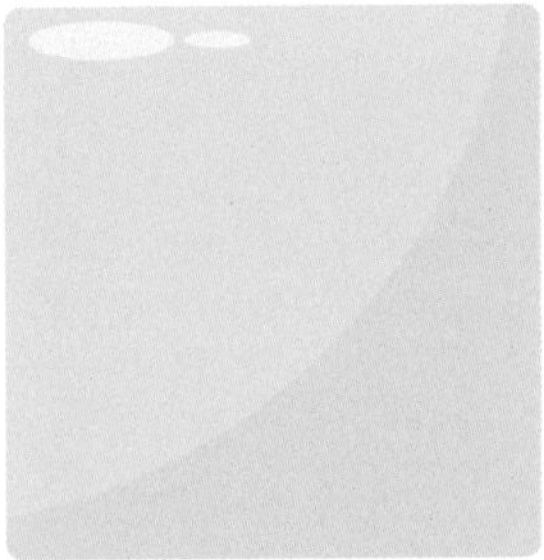

το τετράγωνο

[tetrágono] • square

το τρίγωνο

[trígono] • triangle

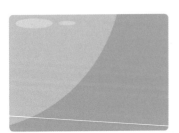

το ορθογώνιο παραλληλόγραμμο

[orthogónio parallilógrammo] • rectangle

ο ρόμβος

[rómvos] • rhombus

το οβάλ

[ovál] • oval

Shapes

η καρδιά

[kardiá] • heart

το αστέρι

[astéri] • star

ο σταυρός

[stavrós] • cross

το βέλος

[vélos] • arrow

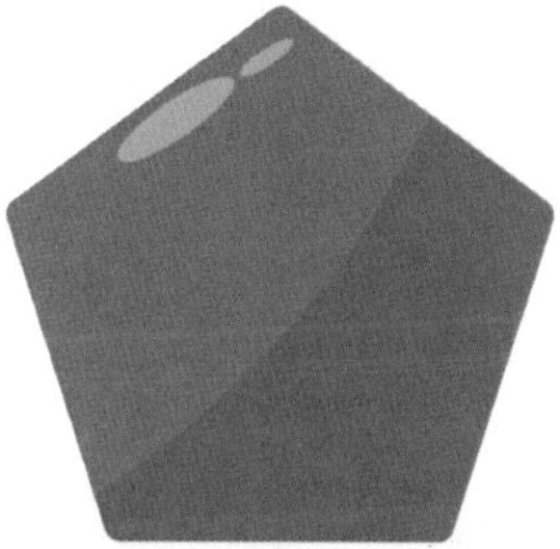

το πεντάγωνο

[pentágono] • pentagon

το τραπέζιο

[trapézio] • trapezoid

Τα φρούτα | Fruits [froúta]

το **μήλο**
[mílo] • apple

η **μπανάνα**
[banána] • banana

ο **ανανάς**
[ananás] • pineapple

το **βερίκοκο**
[veríkoko] • apricot

το **δαμάσκηνο**
[damáskino] • plum

το **αχλάδι**
[ahládi] • pear

το **πορτοκάλι**
[portokáli] • orange

το **λεμόνι**
[lemóni] • lemon

Τα μούρα | Berries [moúra]

η **φράουλα**
[fráoula] • strawberry

το **καρπούζι**
[karpoúzi] • watermelon

το **σταφύλι**
[stafýli] • grape

το **κεράσι**
[kerási] • cherry

το **μύρτιλο**
[mýtrilo] • blueberry

Το **σμέουρο**
[sméouro] • raspberry

το **ακτινίδιο**
[aktinídio] • kiwi

το **ρόδι**
[ródi] • pomegranate

Τα λαχανικά [lachaniká]

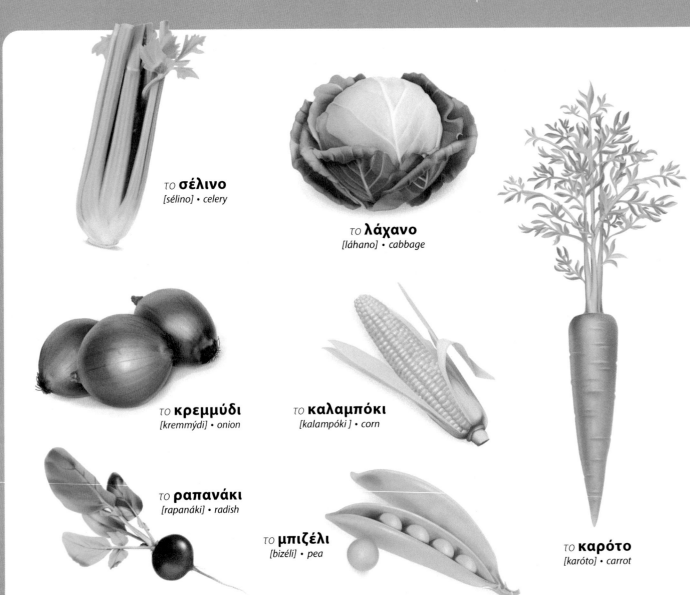

το **σέλινο**
[sélino] • celery

το **λάχανο**
[láhano] • cabbage

το **κρεμμύδι**
[kremmýdi] • onion

το **καλαμπόκι**
[kalampóki] • corn

το **ραπανάκι**
[rapanáki] • radish

το **μπιζέλι**
[bizéli] • pea

το **καρότο**
[karóto] • carrot

Vegetables

το **μπρόκολο**
[brókolo] • broccoli

το **σκόρδο**
[skórdo] • garlic

τα **σπαράγγια**
[sparángia] • asparagus

το **παντζάρι**
[pantzári] • beet

η **αγκινάρα**
[ankinára] • artichoke

η **πατάτα**
[patáta] • potato

το **σπανάκι**
[spanáki] • spinach

το **κουνουπίδι**
[kounoupídi] • cauliflower

Οι αριθμοί [arithmoí]

ένα
[éna] • one

1

2
δύο
[dýo] • two

τρία
[tría] • three

3

τέσσερα
[téssera] • four

4

πέντε
[pénte] • five

5

έξι
[éxi] • six

6

Numbers

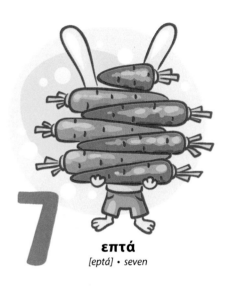

7 **επτά**
[eptá] • seven

8 **οκτώ**
[októ] • eight

9 **εννιά**
[enniá] • nine

10 **δέκα**
[déka] • ten

13

Τα χρώματα [chrómata]

κόκκινο [kókkino] · red

η ντομάτα
[ntomáta] · tomato

η πασχαλίτσα
[pashalítsa] · ladybug

το καβούρι
[kavoúri] · crab

το τριαντάφυλλο
[triantáfylo] · rose

κίτρινο [kítrino] · yellow

το τυρί
[tyrí] · cheese

η μέλισσα
[mélissa] · bee

το σιτάρι
[sitári] · wheat

το ηλιοτρόπιο
[iliotrópio] · sunflower

14

Colors

πράσινο [prásino] · green

το **φύλλο**
[fýllo] · leaf

ο **βάτραχος**
[vátrachos] · frog

το **αγγούρι**
[angoúri] · cucumber

το **αβοκάντο**
[avokánto] · avocado

μπλε [ble] · blue

η **φάλαινα**
[fálaina] · whale

η **πεταλούδα**
[petaloúda] · butterfly

το **τζιν**
[tzín] · jeans

το **ψάρι**
[psári] · fish

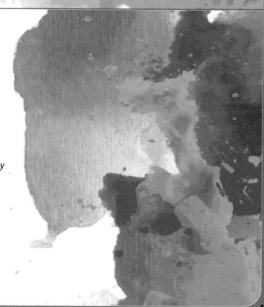

Οι εποχές [epochés]

ο **χειμώνας**
[himónas] • winter

η **άνοιξη**
[ánoixi] • spring

Seasons

το **καλοκαίρι**
[kalokaíri] • summer

το **φθινόπωρο**
[fthinóporo] • autumn

Το σπίτι μου [to spíti mou]

η κουζίνα [kouzína] • kitchen

το **πιάτο**
[piáto] • plate

το **κουτάλι**
[koutáli] • spoon

η **κούπα**
[koúpa] • cup

το **πιρούνι**
[piroúni] • fork

η **τσαγιέρα**
[tsagiéra] • kettle

η **κατσαρόλα**
[katsaróla] • stock pot

το παιδικό δωμάτιο [paidikó domátio] • nursery

η **κούνια**
[koúnia] • crib

τα **τουβλάκια**
[touvlakia] • blocks

η **κούκλα**
[koúkla] • doll

οι **κρίκοι στοίβαξης**
[kríkoi stoívaxis] • stacking rings

My house

το **μπάνιο** [bánio] • bathroom

η **μπανιέρα**
[baniéra] • bathtub

η **οδοντόβουρτσα**
[odontóvourtsa] • toothbrush

η **πετσέτα**
[petséta] • towel

ο **νιπτήρας**
[niptíras] • sink

το **σαλόνι** [salóni] • living room

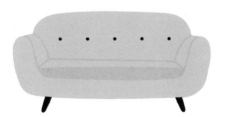

ο **καναπές**
[kanapés] • couch

η **πολυθρόνα**
[polythróna] • armchair

η **λάμπα**
[lámpa] • lamp

η **τηλεόραση**
[tileórasi] • TV

Τα επαγγέλματα

[epangélmata]

ο **πυροσβέστης**
[pyrosvéstis] • firefighter

ο **επιχειρηματίας**
[epichirimatías] • businessman

ο **γιατρός**
[giatrós] • doctor

ο **μάγειρας**
[mágiras] • cook

ο **δάσκαλος**
[dáskalos] • teacher

ο **προγραμματιστής**
[programmatistís] • programmer

Professions

ο **αστροναύτης**
[astronáftis] • astronaut

ο **αστυνομικός**
[astynomikós] • policeman

ο **ζωγράφος**
[zográfos] • artist

ο **μουσικός**
[mousikós] • musician

ο **ποδοσφαιριστής**
[podosferistís] • soccer player

ο **αγρότης**
[agrótis] • farmer

Η μετακίνηση [metakinisi]

Transportation

το **αεροπλάνο**
[aeropláno] • airplane

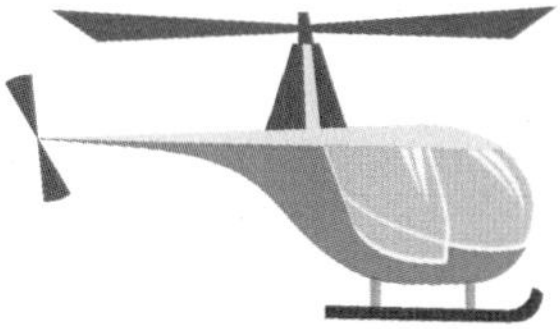

το **ελικόπτερο**
[elikóptero] • helicopter

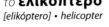

το **αερόστατο**
[aeróstato] • hot air balloon

το **φανάρι κυκλοφορίας**
[fanári kykloforías] • traffic light

το **αυτοκίνητο**
[aftokínito] • car

το **φορτηγό**
[fortigó] • truck

το **ποδήλατο**
[podílato] • bike

η **μοτοσικλέτα**
[motosykléta] • motorcycle

το **πυροσβεστικό όχημα**
[pyrosvestikó óhima] • fire truck

το **λεωφορείο**
[leoforio] • bus

το **ασθενοφόρο**
[asthenofóro] • ambulance

το **τρένο**
[treno] • train

Οι φωνές ζώων

[fonés zóon]

Η γάτα
νιαουρίζει:
Νιάου

Cat meows "Meow"

Ο σκύλος
γαβγίζει:
Γαβ

Dog barks "Woof"

Ο βάτραχος
Κοάζει:
Κουάξ

Frog croaks "Ribbit"

Ο κόκορας
Κακαρίζει:
Κι-κι-ρί-κου

Rooster crows "Cock-A-Doodle-Doo"

Η χήνα
κάνει:
Κουάκ

Goose honks "Honk"

Η πάπια
κάνει:
Κουάκ

Duck quacks "Quack"

Animal sounds

Η αγελάδα
μουγκανίζει:

Μουυυ

Cow moos "Mooo"

Το άλογο
χλιμιντρίζει:

Χιιιιν

Horse whinnies "Neigh"

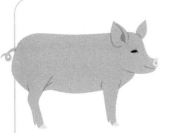

Το γουρούνι
κάνει:

Όινκ-Όινκ

Pig snorts "Oink-oink"

Η κατσίκα
βελάζει:

Μπεεεε

Goat bleats "Baa"

Ο γάιδαρος
κάνει:

Ιιι-Οοο

Donkey brays "Hee-haw"

Η μέλισσα
κάνει:

Μπιζζζ

Bee buzzes "Buzz"

Τα αντίθετα [antítheta]

μεγάλος
[megálos] • big

μικρός
[mikrós] • small

καθαρός
[katharós] • clean

βρώμικος
[vrómikos] • dirty

καυτός
[kaftós] • hot

κρύος
[krýos] • cold

η **μέρα**
[méra] • day

η **νύχτα**
[nýhta] • night

Opposites

ψηλός
[psilós] • tall

κοντός
[kontós] • short

ανοιχτός
[anoichtos] • opened

κλειστός
[kleistós] • closed

μακρύς
[makrýs] • long

κοντός
[kontós] • short

γεμάτος
[gemátos] • full

άδειος
[ádeios] • empty

lingvito

GREEK-ENGLISH BILINGUAL BOOK SERIES

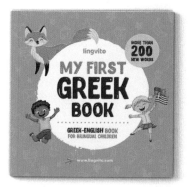

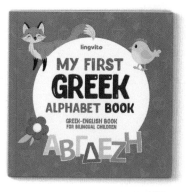

Follow us on Instagram
@lingvito_edu

LINGVITO_EDU

available on **amazon**

Questions?
Email us at hello@lingvito.com